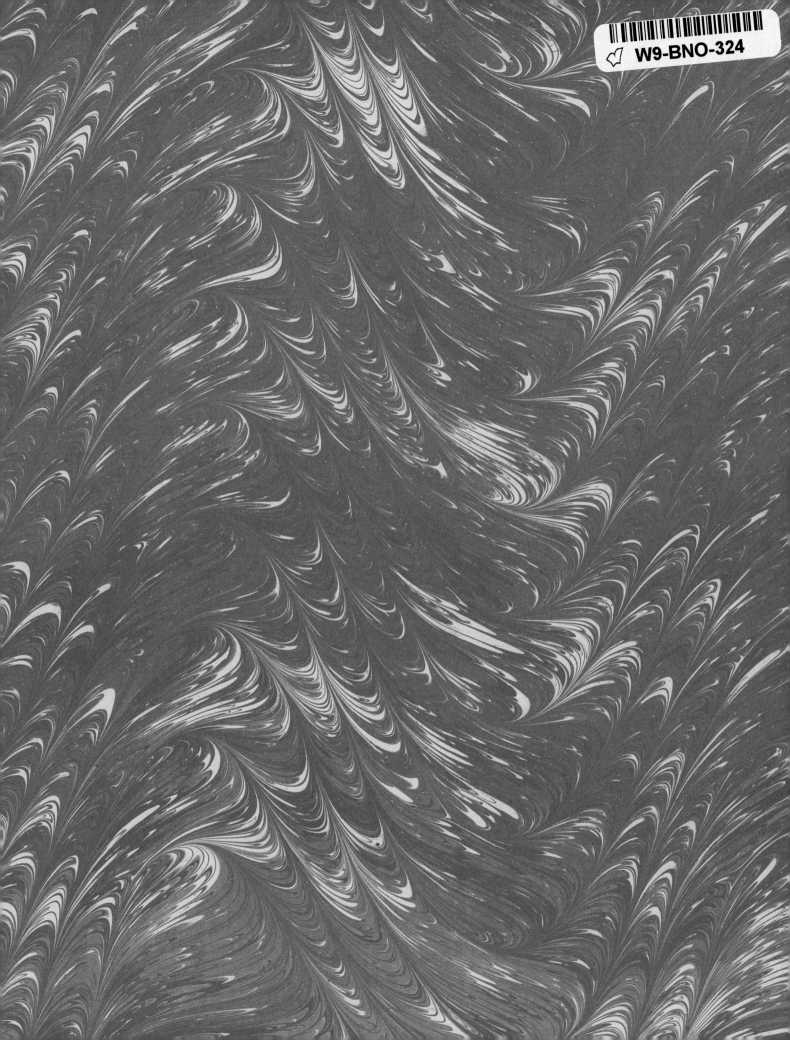

W9-BNO-324

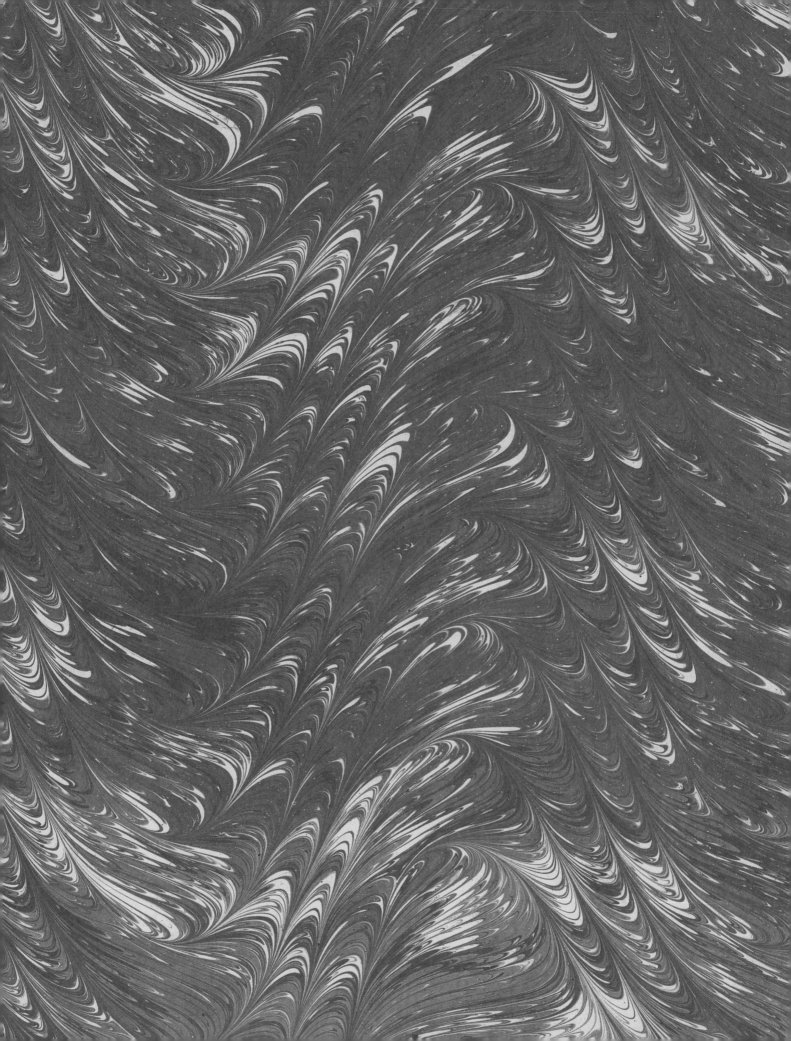

HARCOURT

· T R O F E O S ·

UN PROGRAMA DE LECTURA Y ARTES DEL LENGUAJE DE HARCOURT

A Q U Í   Y   A L L Á

AUTORAS
Alma Flor Ada ◆ F. Isabel Campoy

Harcourt

Orlando   Boston   Dallas   Chicago   San Diego

Visita *The Learning Site*

www.harcourtschool.com

Copyright © 2003 by Harcourt, Inc.

All rights reserved. No part of this publication may be reproduced or transmitted in any form or by any means, electronic or mechanical, including photocopy, recording, or any information storage and retrieval system, without permission in writing from the publisher.

Requests for permission to make copies of any part of the work should be addressed to School Permissions and Copyrights, Harcourt, Inc., 6277 Sea Harbor Drive, Orlando, Florida 32887-6777. Fax: 407-345-2418.

HARCOURT and the Harcourt Logo are trademarks of Harcourt, Inc., registered in the United States of America and/or other jurisdictions.

Acknowledgments appear in the back of the book.

Printed in the United States of America

ISBN 0-15-322657-9

2 3 4 5 6 7 8 9 10 048 10 09 08 07 06 05 04 03 02

Querido lector:

¡Bienvenido a **Aquí y allá!** Las aventuras en los libros pueden llevarte a lugares sorprendentes. Las aventuras en este libro te llevan a un mundo de mariposas, a la búsqueda de un perro y a conocer niños como tú quienes aman jugar y trabajar juntos. ¡Esperamos que te gusten estos cuentos tanto como a nosotros!

Sinceramente,

Las autoras

Las Autoras

Creo que puedo

CONTENIDO

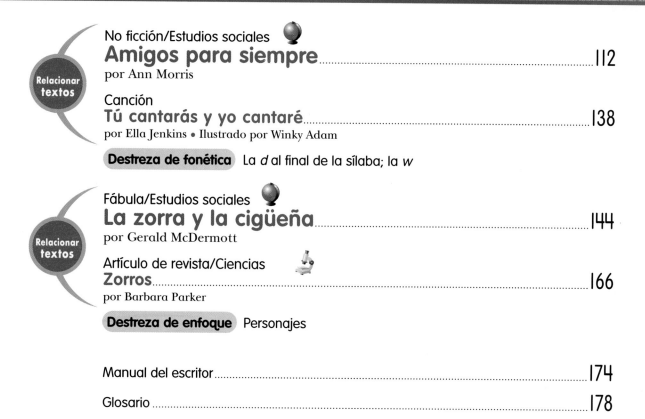
Superlibros

Libros decodificables 13-18

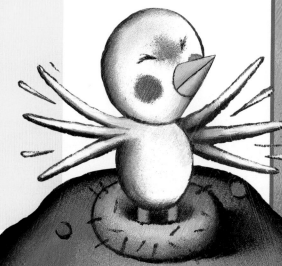

Creo que puedo

El poder de las palabras

**Palabras para
recordar
pronto
voy
crecer
diez
seis**

Quiero **crecer**, crecer y crecer.
Muy **pronto voy** a volar.
En **diez** minutos o en **seis**, voy
a aletear.

Autor premiado

Género

No ficción

Un cuento de no ficción relata cosas que son ciertas.

Busca

- fotografías que apoyen lo que lees.
- información que se dé claramente.

Mariposa

por Stephen Swinburne

A que no puedes
verme...

**Soy un pequeño huevo de
mariposa. Pronto voy a nacer.**

Ya me convertí
en una oruga.

¡Qué viento! Yo me agarro a la rama. ¡Que no me vaya a volar!

En el bosque viven muchos animales: insectos y ranas.

Aquí ves sus casas.
Ésta es una telaraña y
aquélla es un nido.

Cuando llueve todo se moja.
Yo bebo pequeñas gotas de
agua.

Como muchas plantas porque
tengo que **crecer**.

Como de la planta sin
parar. ¡Qué banquete me
voy a dar!

¡Vaya! Comí tanto que tengo
que descansar. Pronto mudaré
de piel.

Ya soy una crisálida.
Mido una pulgada.

Me quedo **diez** días en mi
crisálida. Luego salgo muy
cambiada.

¿Qué te parece? Soy
un insecto. Ya tengo
seis patas.

24

Las alas me ayudan a volar.
Descanso apoyada en una roca.

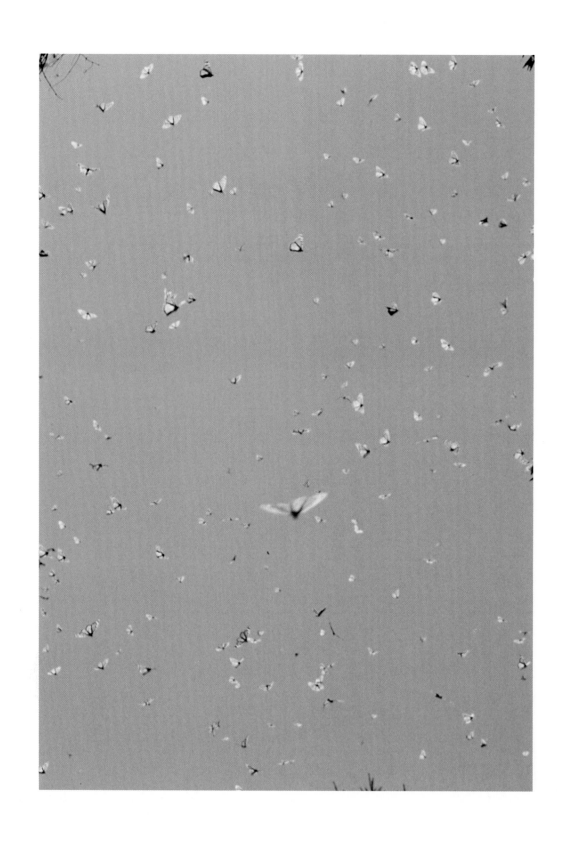

Me gusta volar bajo los cálidos rayos del sol.

¡Ya soy mariposa!
¡Y qué linda mariposa!

27

Reflexionar y responder

1 ¿Cuáles son las distintas etapas de la vida de una mariposa?

2 ¿Te gusta cómo está contada la vida de la mariposa? ¿Por qué?

3 ¿Por qué la oruga come tanto?

4 ¿Qué pasa con la crisálida?

5 ¿Te gustaría ser mariposa por un día? ¿Por qué?

Conoce al autor y fotógrafo

Stephen Swinburne

¡A Stephen Swinburne le gustan mucho las mariposas! En su casa, Steve tiene un hermoso jardín con muchas flores para atraer a las mariposas. Las fotos de *Mariposa* fueron tomadas en su jardín. ¡Él espera que te diviertas observando mariposas!

Lectura
en voz alta
Género: Poesía

Mari Rosa y

por Charlotte Pomerantz

ilustrado por Amy Bates

Mariposa revoltosa,
revoltosa mariposa.
¡No quisiera yo otra cosa
que ser una mariposa!

la mariposa

Mari Rosa danzarina,
bailarina Mari Rosa.
Ya mi deseo adivina:
¡Ser la niña Mari Rosa!

31

Mariposa | # Hacer conexiones

Más insectos

La mariposa tiene seis patas como todos los insectos. Elige otro insecto. Dibújalo y escribe algo sobre ese insecto.

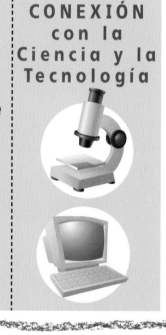

Las mariposas tienen bellos colores.

¡Para comer y crecer!

La oruga come plantas para crecer. Nosotros también comemos plantas. Haz una lista de las plantas que comes.

Un poema

Inventa un poema completando los espacios en blanco. Luego, haz un dibujo para ilustrar tu poema y muéstralo a la clase.

¡Vuela, mariposa!

Vuela y ___.

Mira ___.

33

Sílabas *ya, ye, yo, yu* y *que, qui*

En este cuento has visto muchas palabras que contienen las sílabas *ya, ye, yo* y *yu*. También has visto palabras con *que* y *qui*. *Vaya* y *bosque* son algunas de esas palabras. Éstas son algunas más:

ayudan	apoyada	rayos
pequeñas	porque	banquete

Di las palabras en voz alta y luego escríbelas. Si lo deseas puedes usar tu Armapalabras.

  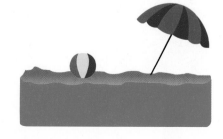

Preparación para la prueba

Sílabas *ya, ye, yo, yu* y *que, qui*

1. ¿Cuál dibujo tiene el sonido de *ye*?

2. ¿Cuál dibujo tiene el sonido de *que*?

Sugerencia

Observa cada ilustración y piensa en la palabra correcta.

El poder de las palabras

Palabras para recordar

nueva

nadie

habrá

negro

Miro en mi **nueva** casa. Tizón no está. **Nadie** sabe dónde está. Es de color **negro**. ¿Lo **habrá** visto?

¿No habrá

por Wong Herbert Yee

ilustrado por Laura Ovresat

Género

Obra de teatro

Una obra de teatro es un cuento que se escribe para dramatizarlo.

Busca

- diálogo o palabras que digan los personajes.
- mucha acción.

visto a Tizón?

 Tengo añoranza por la granja.
En la ciudad no tengo amigos.

 Mudarse a una casa nueva no
es fácil para nadie.

41

Vamos a seguir el consejo de Tizón. Una caminata nos animará.

¡Guau! ¡Guau!

 ¡Tizón, no! ¡Ven aquí!

 ¡Vamos! ¡Tenemos que alcanzar a Tizón antes de que llegue muy lejos!

 ¿No habrá visto a mi perro, Tizón?

 ¿Es un perrito juguetón, negro como un tizón?

 ¡Sí, ése es Tizón!

44

Lo vi en el parque. Les ayudaré a buscar. Quizá esté con el vendedor de salchichas.

45

¿No habrá visto a mi perro, Tizón?

¿Es un perrito juguetón, negro como un tizón?

¡Sí, ése es Tizón!

46

Lo vi en la zona de los columpios. Les ayudaré a buscar.

47

 ¿No habrá visto a mi perro, Tizón?

 ¿Es un perrito juguetón, negro como un tizón?

 ¡Sí, ése es Tizón!

Lo vi salir del parque. Les
ayudaré a buscar.

49

¡Miren! ¿No es ése el perrito juguetón, negro como un tizón?

¡Tizón!

¡Qué listo eres! Pudiste llegar a casa solo.

51

Muchas gracias por su ayuda.

52

Ves, Esperanza, enseguida
empezamos a conocer gente
en la ciudad.

53

 ¡Sí! Tizón y yo ya tenemos amigos en la ciudad.

 ¡Guau! ¡Guau!

54

Reflexionar y responder

1. ¿Por qué Esperanza y su papá salen corriendo de la casa?

2. ¿Cómo conocen gente Esperanza y su papá?

3. ¿Crees que ésta es una obra de teatro interesante? ¿Por qué?

4. ¿Te parece que a Esperanza le va a gustar la ciudad ahora? ¿Por qué?

5. ¿Te has mudado alguna vez? Cuenta acerca de tu mudanza.

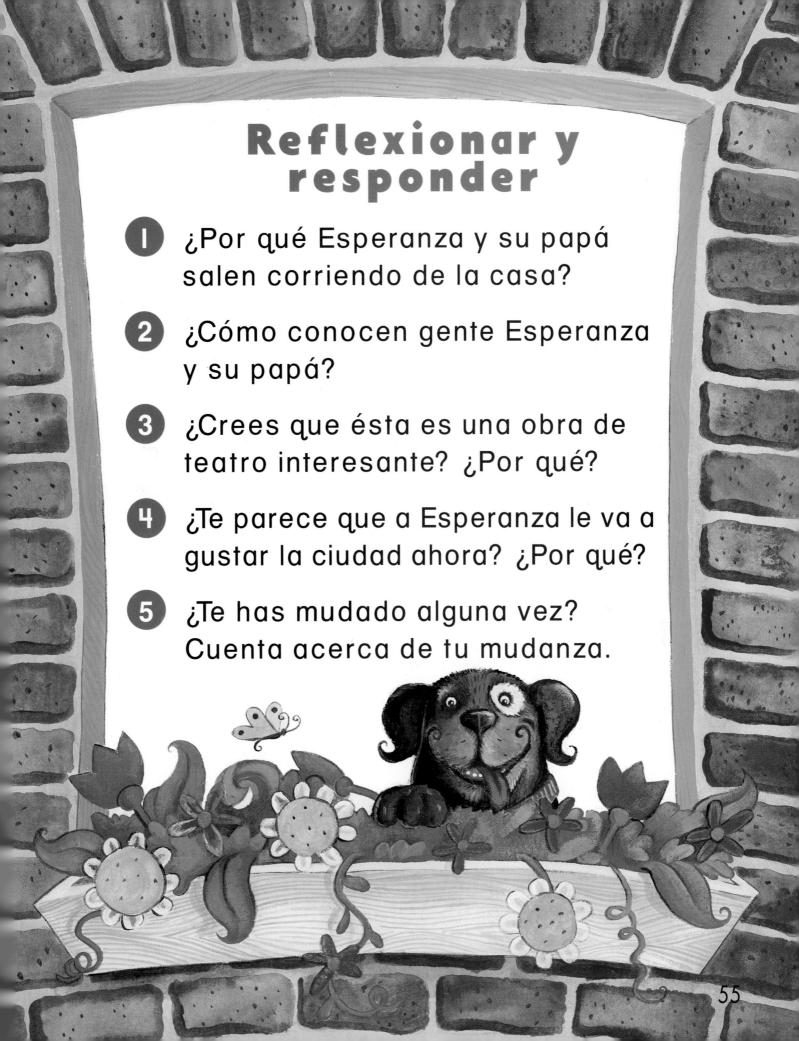

Conoce al autor
Wong Herbert Yee

En sus comienzos, Wong Herbert Yee sólo hacía libros infantiles. Pero con el tiempo decidió hacer otro tipo de libros también. *¿Habrá visto a Tizón?* es el primer libro de Wong Herbert Yee en forma de obra teatral. ¡Wong Herbert Yee espera que toda la clase se divierta representándola!

Conoce a la ilustradora
Laura Ovresat

A Laura Ovresat le encanta dibujar. Y también le gustan mucho los perros. Ella tiene un perro labrador llamado Riley.

Cuando Laura Ovresat hizo los dibujos para *¿Habrá visto a Tizón?* pensó mucho en un perro que tenía cuando ella era niña. Ese perro la ayudaba a sentirse bien, incluso cuando estaba pasando un mal momento. ¿Crees que así es Tizón?

Lectura en voz alta

Wong Herbert Gee

Laura Ovresat

Hacer conexiones

¿El campo o la ciudad?

Esperanza se mudó del campo a la ciudad. Tanto el campo como la ciudad son buenos lugares para vivir. ¿Cuáles son algunas de las cosas buenas de vivir en el campo y en la ciudad?

CONEXIÓN con Estudios sociales

Cosas buenas

Campo	Ciudad
animales	edificios

Lo mejor de todo

¿Cuál fue tu parte favorita del cuento? Escribe sobre esa parte y haz un dibujo.

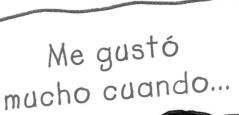

Me gustó mucho cuando...

Nuevos conocidos

¿Cuántas personas conocieron Esperanza y su papá? ¿A quién conocieron primero, segundo y tercero?

1 2 3

Escenario

El **escenario** es el lugar donde ocurre la acción del cuento.

Éste es el escenario de *¿No habrá visto a Tizón?*

¿Cuál es el escenario: una granja, un rancho o una ciudad? ¿Cómo lo sabes?

Visita *The Learning Site*
www.harcourtschool.com
Ve Destrezas y Actividades

Preparación para la prueba
Escenario

¿Dónde está Marcos?

Marcos alimenta a los pollitos. Después, alimenta a los cerditos. Más tarde, alimenta a los animales del establo.

¿Cuál es el escenario de este cuento?

○ una ciudad

○ una casa en la playa

○ una granja

Sugerencia

Lee con atención. Aplica lo que ya sabes sobre las tareas de Marcos para encontrar la respuesta correcta.

El poder de las palabras

Tomás Rivera

Palabras para recordar

trabajar

noche

luego

leer

había

escribir

quiso

allí

Después de **trabajar**, me gusta **leer** y **escribir**. Y **luego**, por las **noches** me pongo a pensar: "*Allí*, *había una vez...*". Así **quiso** mi maestro.

Biografía

Una biografía es un relato de la vida de una persona.

Busca

- información sobre la vida de la persona.

- ilustraciones que muestren cómo luce la persona y que ayuden a explicar cómo es su vida.

64

Tomás Rivera

por Jane Medina

ilustrado por Ed Martinez

Tomás Rivera nació en Texas. Allí,
iba a **trabajar** de granja en granja
con sus papás y sus hermanos.

Tomás iba a trabajar en las cosechas desde la mañana hasta la noche. Luego pasaba un rato con su Abuelo.

—¡Vengan, chicos! —los llamó el Abuelo—. Voy a contarles algo.

—Abuelo, qué hermosos son
tus relatos —le dijo Tomás—.
Un día, yo también contaré
relatos como tú.

—¿Sabes una cosa? Existe un
lugar donde hay muchos relatos
—dijo el Abuelo.
—¿Dónde, Abuelo? —dijo Tomás.

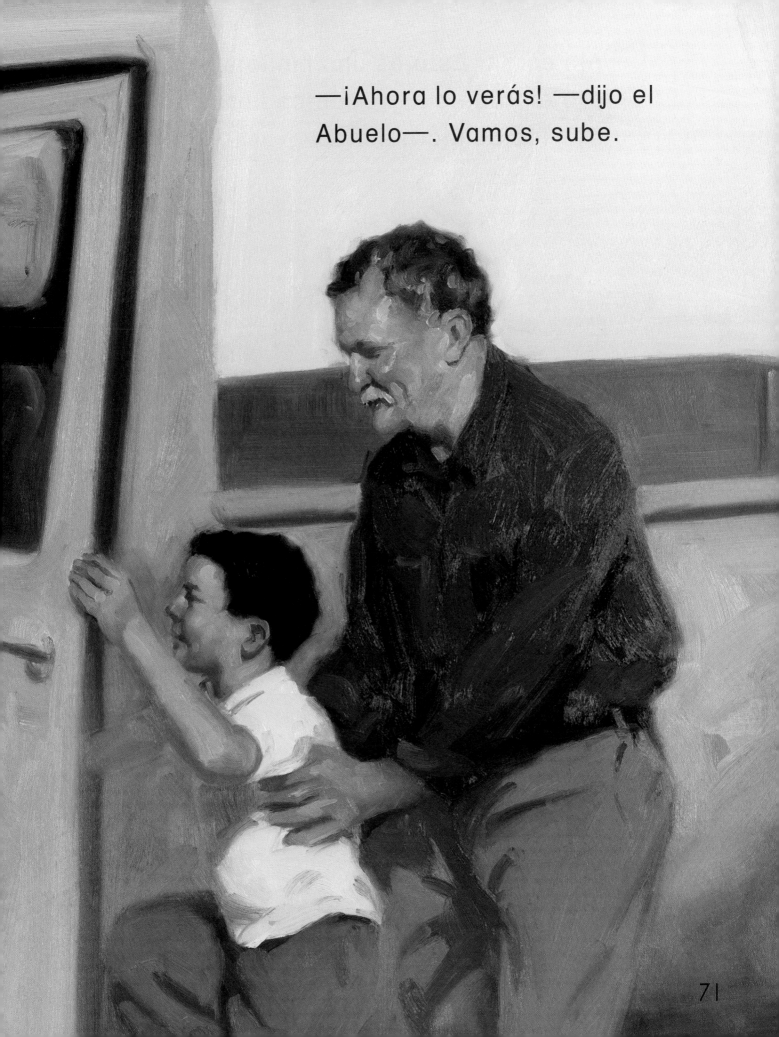

—¡Ahora lo verás! —dijo el Abuelo—. Vamos, sube.

—Ahí están. Ésta es una biblioteca
—dijo el Abuelo. —¡Cuántos libros!
—dijo Tomás maravillado.

—Nunca dejes de leer —aconsejó
el Abuelo—. Así hallarás tus
propios relatos.

Tomás pasaba horas y horas leyendo
todo tipo de libros.

Y como había dicho el Abuelo, pronto
comenzó a imaginar sus propios relatos.

Poco a poco empezó a contar y
escribir sus relatos.

De grande quiso trabajar de maestro. Pero no dejó de escribir.

En los relatos de Tomás Rivera las personas van a trabajar en la cosecha, como hizo su familia.

Hoy sus relatos gustan a muchas personas. Sus libros son un éxito.

Ahora hay una biblioteca
llamada *Tomás Rivera*. Allí,
muchos visitantes hacen lo mismo
que Tomás: leer libros.

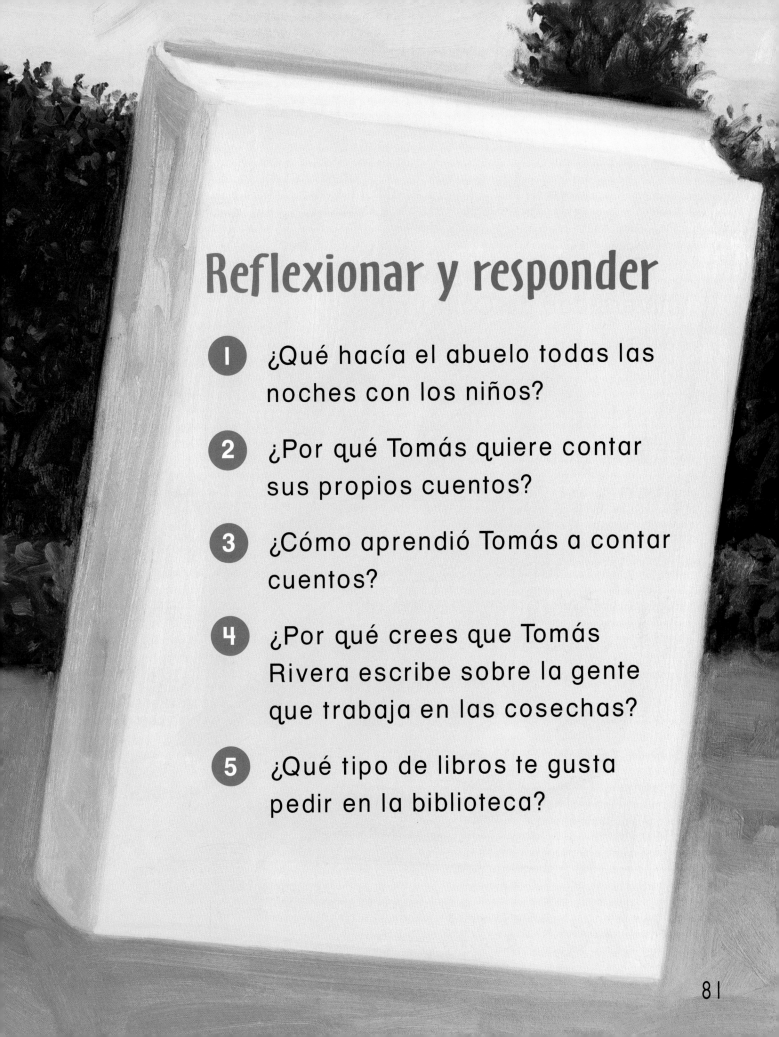

Reflexionar y responder

1. ¿Qué hacía el abuelo todas las noches con los niños?

2. ¿Por qué Tomás quiere contar sus propios cuentos?

3. ¿Cómo aprendió Tomás a contar cuentos?

4. ¿Por qué crees que Tomás Rivera escribe sobre la gente que trabaja en las cosechas?

5. ¿Qué tipo de libros te gusta pedir en la biblioteca?

Conoce a la autora

Jane Medina

Durante una visita a una universidad de California, a Jane Medina le dijeron que Tomás Rivera había sido el primer líder hispano de una universidad en Estados Unidos. Hoy en día, la biblioteca de esa universidad lleva su nombre.

Jane Medina espera que este cuento ayude a todos a pensar como lo hacía Tomás Rivera. ¡Si te esfuerzas en tus tareas en la escuela, podrás lograr lo que más quieras!

Conoce al ilustrador
Ed Martinez

Edward Martinez usó pinturas al óleo para hacer las ilustraciones de Tomás Rivera. Antes de empezar a ilustrar el cuento, buscó mucha información. Además, tuvo en cuenta que Tomás Rivera había nacido en 1935. Usó fotografías de gente, automóviles y lugares de la época. Mientras pintaba, usaba las fotos como referencia. ¿Tú crees que las ilustraciones parecen reales?

Edward Martinez

Hacer conexiones

Tomás Rivera

Ayudar a otros

El abuelo de Tomás lo llevó a la biblioteca. Tomás comenzó a leer muchos libros. Cuenta algo bueno que un familiar, amigo o maestro haya hecho por ti.

CONEXIÓN con Escuchar y Hablar

84

Una buena cosecha

¿Qué necesitan las plantas para crecer bien? Haz un cartel que muestre todo lo que necesite una planta para crecer.

CONEXIÓN con las Ciencias

Lo que necesitan las plantas

tierra buena

sol

agua

La historia de tu familia

Pide a algún miembro de tu familia que te cuente algo interesante sobre algún familiar. Dibuja a esa persona y escribe sobre ella. Muestra tu trabajo a la clase.

CONEXIÓN con la Escritura

Mi abuelo fue un gran vaquero. Él trabajó en un rancho.

Personajes

Los **personajes** de un cuento son las personas o animales que aparecen en ese cuento.

Éstos son algunos de los personajes de "Tomás Rivera".

¿Quiénes son los dos personajes más importantes del cuento? ¿Cómo lo sabes?

estudiante

Tomás

Abuelo

hermano

86

Preparación para la prueba
Personajes

A Carmen le encanta leer libros de animales.

—¿Qué estás leyendo, Carmen? —preguntó mamá.

—Un libro sobre gatos —dijo Carmen.

—A mí también me gustan los gatos —dijo mamá.

1. **¿Quiénes son los personajes del cuento?**

   ○ Carmen

   ○ mamá

   ○ los gatos

2. **¿Quién es el personaje más importante?**

   ○ mamá

   ○ Carmen

   ○ los gatos

Sugerencia

Presta atención a los personajes del cuento. ¿Quién habla? ¿Sobre quién es el cuento?

El poder de las palabras

Palabras para recordar

fue

junto

sintió

sigue

encontró

volvió

sobre

llegó

Tina **fue** de visita. **Encontró** a Hugo **junto** al lago. Tina **llegó** caminando.

Hugo se **sintió** mal y Tina **volvió** **sobre** sus pasos.

¿Cómo **sigue** el cuento?

89

Autora e ilustradora premiadas

Género

Fantasía

Un cuento de fantasía es un relato fantástico.

Busca

- **animales que hablen.**
- **animales que actúen como personas.**

Camino al lago

escrito por Angela Shelf Medearis

ilustrado por Lorinda Bryan Cauley

Un día, Tina Tigre fue a visitar a Hugo Hipo. Hugo preparó una canasta para compartir junto al lago.

—Tú llevas el almuerzo —dijo Tina—. Yo
llevaré todas estas cosas muy importantes.
Hugo dijo que sí con la cabeza.

Comenzaron a caminar por el campo. Era un día muy caluroso. De pronto, Hugo se sintió enfermo.

—Siéntate bajo mi sombrilla —dijo
Tina—. Te abanicaré.

—Gracias —dijo Hugo—. ¡Qué
simpática eres!

Cuando Hugo se sintió mejor, siguieron
caminando hacia el lago. De pronto Hugo
se detuvo y dijo en voz alta: —Oh, no.
¡Olvidé la canasta!

—Sigue tú. Yo voy a buscarla

—dijo Tina y empezó a caminar.

Tina dejó algunas piedritas en el
camino. Encontró la canasta y
volvió sobre sus pasos.

En el camino, Tina se detuvo. Miró a uno y otro
lado. ¡Estaba perdida!

—Seguiré las piedritas que están en el camino.

Tina llegó a la laguna. Pero no pudo
encontrar a Hugo.

—¡Aquí estoy! —gritó Hugo—. Por suerte
trajiste todas esas cosas importantes.

—Sí —dijo Tina—. Y por suerte tú trajiste
mucha comida. ¡Estoy muerta de hambre!

Reflexionar y responder

1. ¿Cuáles son las cuatro cosas importantes de Tina?

2. ¿Por qué son importantes para Tina?

3. ¿Qué pasó con la canasta?

4. ¿Cómo sabes que Tina y Hugo son buenos amigos?

5. ¿Cómo sería el cuento si estuviera nevando?

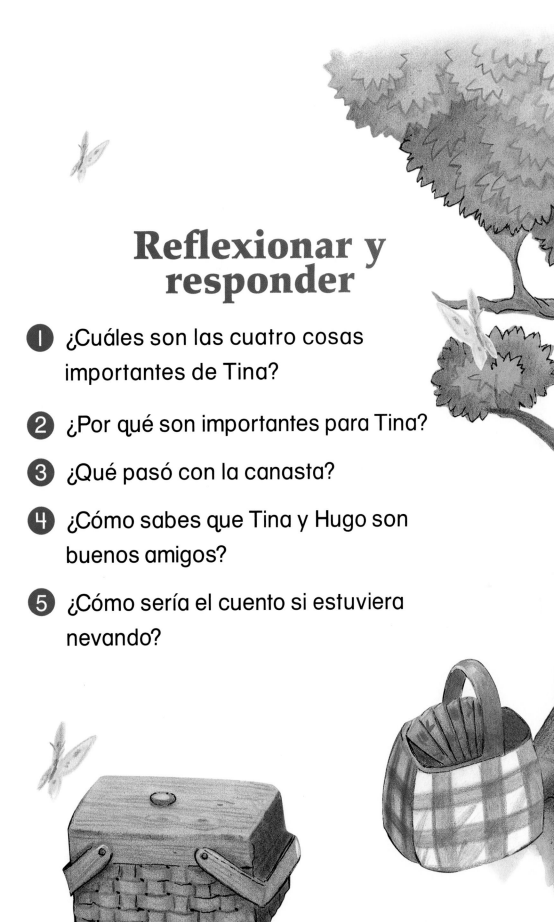

Conoce a la autora

Angela Shelf Medearis

A Angela Shelf Medearis le gusta reírse y escribir cuentos divertidos. En su oficina tiene muchísimos juguetes. Ella usa los juguetes para sacar ideas y divertirse. Angela espera que el cuento *Camino al lago* te resulte divertido.

Angela Shelf Medearis

Lorinda Bryan Cauley

Visita *The Learning Site* www.harcourtschool.com

104

Conoce a la ilustradora
Lorinda Bryan Cauley

Lorinda Bryan Cauley tardó unos cuatro días para dibujar cada una de estas páginas. Primero hizo el dibujo en lápiz. Luego lo coloreó con lápices y tinta de colores.

Lorinda Bryan Cauley presta mucha atención a los ojos de los personajes. Ella piensa que los ojos son muy importantes porque expresan sentimientos. ¿Tú qué opinas?

Hipopotamito

Hipopoquito
hipopequeño
hipopocuelo
hipopoquillo
hipopomito.
Mamá hipopótama,
¿qué nombres cariñosos
vas a darle a tu hijo
el hipopotamito?

por Alma Flor Ada
ilustrado por David Wojtowycz

Hacer conexiones

Junto al lago

¿Qué crees que harán Tina y Hugo después del almuerzo? Haz un dibujo y anota tus ideas. Muestra tu trabajo a la clase.

CONEXIÓN
con la
Escritura

¡Pueden ir a nadar!

¡No estamos perdidos!

Piensa en formas en las que podrías evitar perderte en el campo. ¿Cómo harías? ¿Y cómo harías en la ciudad?

CONEXIÓN con Estudios sociales

CALLE PINO

Un buen almuerzo

Dibuja una canasta. Escribe los nombres de algunos alimentos sanos.

CONEXIÓN con la Salud

Escenario

El **escenario** de un cuento es el lugar donde ocurre la acción.

¿Cuál de estas ilustraciones muestra el escenario de *Camino al lago*? ¿Cómo lo sabes?

Visita *The Learning Site*
www.harcourtschool.com
Ve *Destrezas y Actividades*

Preparación para la prueba
Escenario

¿Dónde están?

Es un día caluroso. Los peces y las niñas saltan. ¡Qué refrescante es estar en el agua!

¿Cuál es el escenario del cuento?

- ○ el desierto
- ○ la playa
- ○ la tienda

Sugerencia

Lee con atención y piensa en lo que están haciendo las niñas. Piensa en cada respuesta.

El poder de las palabras

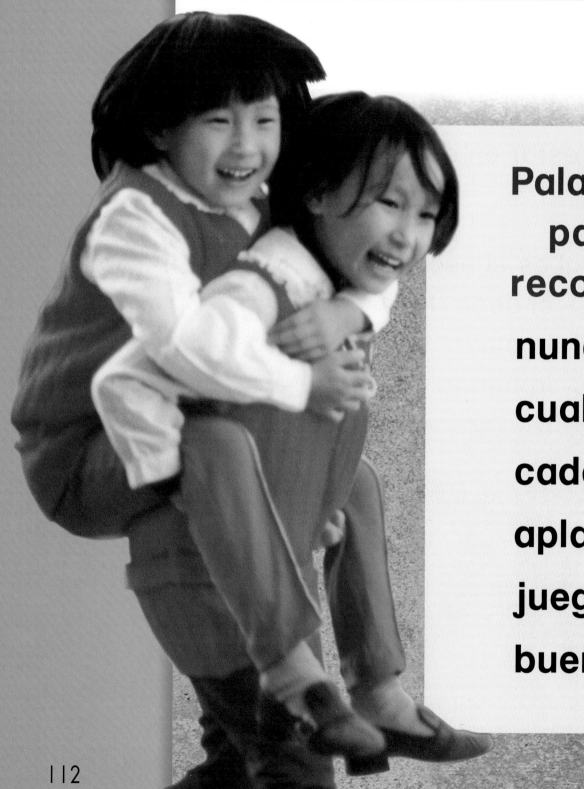

**Palabras
para
recordar**

nunca

cualquier

cada

aplaudimos

juegos

buenos

Somos **buenos** amigos.
Practicamos **cada** día.
Participamos en los **juegos**
y **nunca** nos cansamos.
Nos gusta **cualquier**
deporte. ¡Si ganamos,
aplaudimos!

Autor premiado

Género

No ficción

Un cuento de no ficción da información y datos.

Busca

- **fotografías que apoyen las palabras.**
- **palabras que den información.**

Amigos

para siempre

por Ann Morris

Wendy y yo somos muy amigas.

Walter y yo jugamos juntos.
Nunca nos separamos.

Caminamos juntos y charlamos juntos.
Estamos contentos de estar juntos.

Nos ayudamos el uno al otro.
Juntos superamos cualquier dificultad.

En la arena hay cantidad de caracolas y rocas. Nos gusta cavar.

Cavamos,
    cavamos,
        Cavamos,

en la arena.

¡Nos divertimos una barbaridad! Vamos a saltar juntos.

¡Salta,
salta,
salta!

¡Qué divertido!

121

Comemos un bocadillo juntos.
La mitad para cada uno.

¡Ñam,
ñam,
ñam!

¡Qué rico!

Cuchicheamos sin parar y todo nos
hace reír.

¡Ja,
    ja,
        ja!

¡Qué risa!

Somos un equipo.
Tenemos un balón.
Tiramos, corremos, marcamos y aplaudimos.

¡Corre,
    corre,
        corre!

¡Corre con tus amigos!

A veces hacemos pompas de jabón.

¡Pop,
pop,
pop!

A veces nos quedamos juntos pensando.

Vamos a pintar: rojo, violeta, rosa o negro.

¡Corta,
    corta,
        corta!

¡Vamos a hacer el payaso!
¡Qué divertido!

Juntos tocamos bonitas canciones.

¡La,
la,
la!

¿Verdad que es mejor con un amigo?

Mi abuelo es mi amigo.

Vamos a pescar.

Nos reímos de cosas divertidas.

Admiro a mi abuelo.

Mi hermanita es mi amiga.

Mis muñecas son mis amigas.

Mi caballo es mi amigo.
Mi perro es mi amigo.

Los animales también conocen la amistad.
Mi perro y mi gato son amigos.

En la escuela puedes hacer amigos.
En la escuela compartimos juegos y
canciones.

Compartimos libros y sonrisas.

En todas partes hay buenos amigos.

¡Seremos **amigos para siempre!**

Reflexionar y responder

1 Nombra algunas de las cosas que hacen los amigos de este cuento.

2 ¿Qué es lo que te parece más divertido?

3 Además de tus compañeros de clase, ¿quiénes más pueden ser tus amigos?

4 ¿Por qué la escuela es un buen lugar para hacerse amigos?

5 ¿Crees que este cuento tiene un buen título? Explica por qué.

136

Conoce a la autora
Ann Morris

Ann Morris siempre quiso escribir un libro sobre la amistad. "Me gusta mucho viajar y tengo amigos en todo el mundo" dice ella. "Los amigos son muy importantes. Los amigos están para ayudarse. ¡Me gusta mucho conocer gente!"

Visita *The Learning Site*
www.harcourtschool.com

Ann Morris

Tú cantarás

por Ella Jenkins

ilustrado por Winky Adam

Tú cantarás y yo cantaré,
juntos una canción.
Tú cantarás y yo cantaré
en cualquier estación.

y yo cantaré

Tú tocarás y yo tocaré,
juntos una tonada.
Tú tocarás y yo tocaré
con sol o en la nevada.

Hacer conexiones

¡Vamos a escribir!

En poemas y en canciones muchas veces se repiten palabras o frases enteras para acompañar el ritmo de la canción o del poema.

CONEXIÓN con la Escritura

Tú comerás y yo comeré palomitas de maíz.

Canta una canción

Practica con un grupo una canción que les guste. Luego canten la canción en la clase.

CONEXIÓN
con la
Música

Conchas marinas

Busca información sobre las conchas marinas. Haz un dibujo de alguna que te guste.

CONEXIÓN
con la
Ciencia

La *d* al final de la sílaba; la *w*

En esta lectura has visto nombres que comienzan con *w*. También has visto palabras que contienen las sílabas *ad*, *ed*, *ud*. Éstas son algunas de esas palabras:

Walter	**salud**
Wilfredo	**pared**
Wendy	**mitad**

Escribe la palabra *miro*.
Agrega las letras *ad* al principio de la palabra. ¿Qué palabra obtienes?

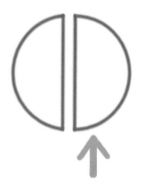

Preparación para la prueba

La *d* al final de la sílaba; la *w*

1. ¿Cuál dibujo tiene el sonido de *ad*, *ed* o *ud*?

2. ¿Cuál dibujo tiene el sonido de la *w*?

Sugerencia

Pronuncia las palabras. Trata de reconocer los sonidos.

El poder de las palabras

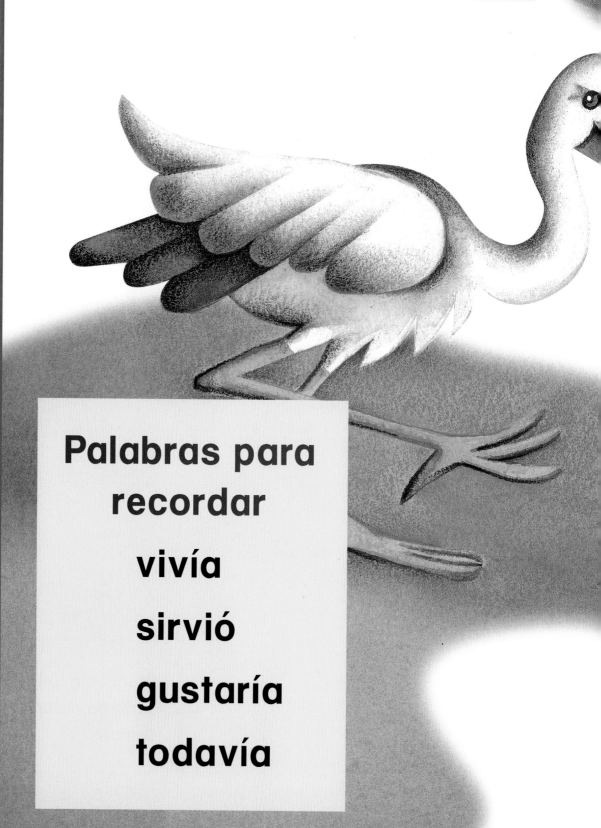

**Palabras para
recordar**

vivía

sirvió

gustaría

todavía

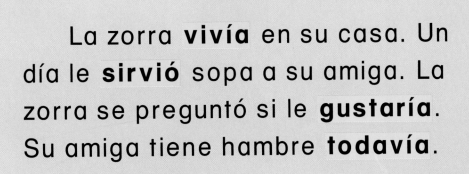

La zorra **vivía** en su casa. Un día le **sirvió** sopa a su amiga. La zorra se preguntó si le **gustaría**. Su amiga tiene hambre **todavía**.

145

La zorra

Autor e ilustrador premiado

Género

Fábula

Una fábula es un cuento que enseña una lección.

Busca

- **una lección para tu propia vida.**

- **personajes de animales que hablen.**

y la cigüeña

versión de
Gerald McDermott
ilustrado por
Gerald McDermott

Había una vez una zorra que vivía en el bosque. A la zorra le gustaba hacer travesuras a sus amigos.

Una mañana, la zorra remó en su bote por el lago. Cuando vio a su amiga la cigüeña, le preguntó:
—¿Quieres venir mañana a cenar a mi casa?

—¡Qué amable eres! —dijo
la cigüeña—. Sí, me gustaría
mucho.

Al día siguiente, la cigüeña fue
a cenar a la casa de la zorra.
Cuando llegó, golpeó a la puerta
con el pico.

—Adelante —dijo la zorra—. Hoy hice
una sopa de arroz.

—¡Qué bien! —dijo la cigüeña—. Me
gusta la sopa.

La zorra y la cigüeña se sentaron a comer.
La zorra no sirvió la sopa en un plato hondo.
La sirvió en un plato común.

La zorra pensó que era muy lista. La cigüeña
no era capaz de comer de su plato. Lo único que
podía hacer la cigüeña era mojar la punta del
pico en el plato. La zorra se tomó toda la sopa.

La cigüeña todavía tenía hambre, pero no se quejó.

—Gracias por la cena —dijo la cigüeña—. Ven a mi casa y yo cocinaré para ti.

Al día siguiente la zorra fue
remando a la casa de la cigüeña.

—No quiero parecer vanidosa —dijo la
cigüeña—, pero mi sopa es la mejor del bosque.
La preparo con las verduras de mi jardín.

—¡Qué bien! —dijo la zorra—. ¡Vamos a comer!

La cigüeña sirvió la sopa en una
jarra alta. La zorra no pudo meter la
nariz en la jarra. Lo único que pudo
hacer fue lamer el borde de la jarra.
En cambio la cigüeña se tomó toda
la sopa metiendo su largo pico en
la jarra.

159

La zorra volvió a su casa remando y quejándose todo el camino.

—Estoy muerta de hambre —dijo la infeliz zorra—. Esto me pasa por hacer travesuras a los amigos.

Y así fue como la zorra se dio cuenta que
lo mejor es ser bueno con los demás.

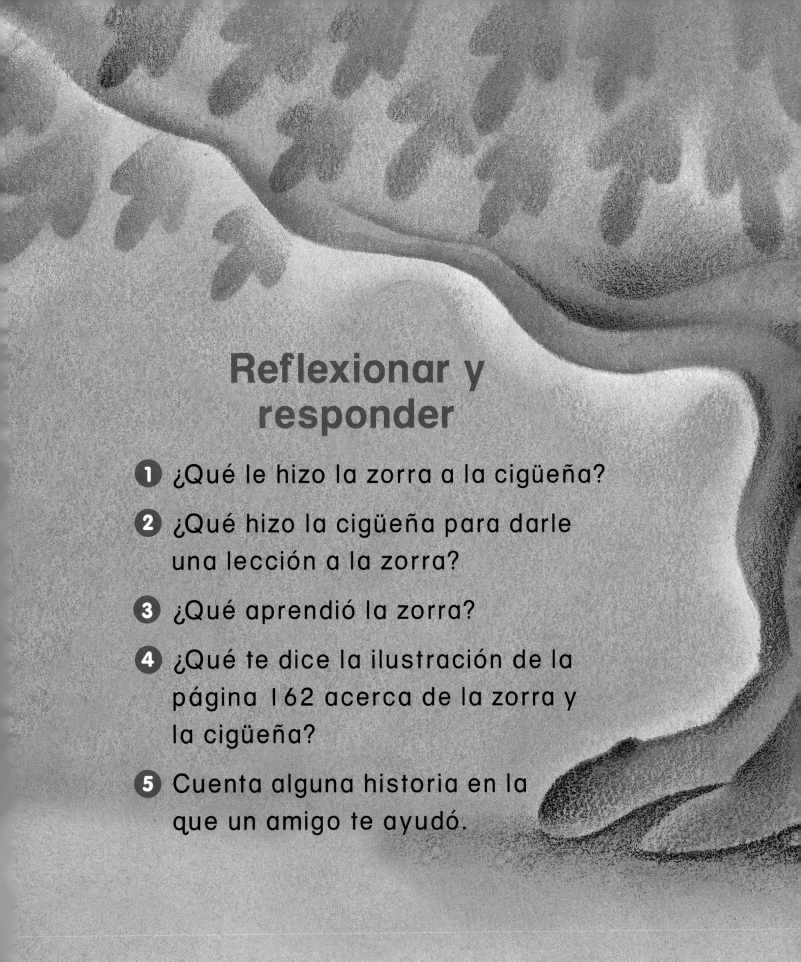

Reflexionar y responder

1. ¿Qué le hizo la zorra a la cigüeña?

2. ¿Qué hizo la cigüeña para darle una lección a la zorra?

3. ¿Qué aprendió la zorra?

4. ¿Qué te dice la ilustración de la página 162 acerca de la zorra y la cigüeña?

5. Cuenta alguna historia en la que un amigo te ayudó.

Lectura
en voz alta

Conoce al autor e ilustrador

Gerald McDermott

Visita *The Learning Site*
www.harcourtschool.com

A Gerald McDermott le gusta escribir sus propias versiones de fábulas y cuentos tradicionales porque esos cuentos tienen mensajes importantes. Sus ilustraciones son una expresiva manera de mostrar esos mensajes a los lectores. Gerald McDermott espera que te haya gustado esta versión de *La zorra y la cigüeña.*

Lectura
en voz alta
Género: Artículo de revista

Zorros

por Barbara Parker

Los zorros son perros. No todos los zorros son iguales.

Zorro colorado

Éste tiene la punta de la cola blanca. Vive en el bosque.

Zorro ártico

En invierno es blanco como la nieve. En verano es de color pardo.

Zorro gris

Trepa a los árboles igual que los gatos. Come pájaros y otros animales que caza en las ramas.

Zorro orejudo

Éste oye muy bien. Escucha a las termitas y otros insectos que son su alimento.

Hacer conexiones

Una súper sopa

Escribe la receta para alguna sopa que te gustaría comer. ¡Usa los ingredientes que más te gusten!

CONEXIÓN con la Salud

Un cuento nuevo

Tal vez ahora la zorra y la cigüeña sean amigas para siempre. Escribe algo que podrían hacer juntas.

Más sobre las cigüeñas

Las cigüeñas son muy interesantes. Averigua más acerca de las cigüeñas.

Personajes

Los **personajes** de un cuento son las personas o animales que aparecen en ese cuento. En el cuento que acabas de leer, hay solamente dos personajes. ¿Cuáles son? ¿Crees que un personaje es más importante que el otro? ¿Por qué?

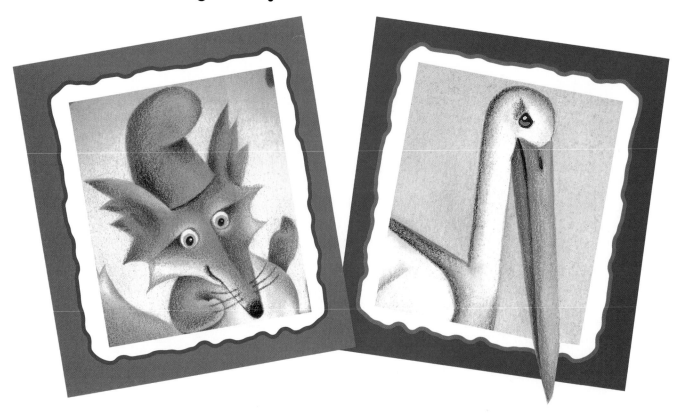

Preparación para la prueba
Personajes

Un pájaro amigo

Cuervo tenía hambre.
Gorrión tenía mucha comida.

—Ven, Cuervo —dijo
Gorrión—. Ven a comer un
poco de este maíz.

---

1. **¿Quiénes son los personajes del cuento?**

- ○ Cuervo
- ○ Cuervo y Cigüeña
- ○ Cuervo y Gorrión

SUGERENCIA

Lee todo el cuento antes de responder. Lee todas las respuestas con atención.

Palabras para escribir

Personas

 bebé

 niño

 doctora

 niña

 cartero

 hombre

 policía

 maestro

 mujer

Nombre de los días

domingo	lunes	martes	miércoles	jueves	viernes	sábado
		1	2	3	4	5
6	7	8	9	10	11	12
13	14	15	16	17	18	19
20	21	22	23	24	25	26
27	28	29	30	31		

Palabras para escribir

Nombres de los meses

enero

febrero

marzo

abril

mayo

junio

julio

agosto

septiembre

octubre

noviembre

diciembre

Prendas de vestir

cinto

vestido

sombrero

chaqueta

pantalones

camiseta

zapatos

falda

medias

suéter

Glosario

¿Qué es un glosario?

El glosario te puede ayudar a leer y entender una palabra. Puedes buscar la palabra y leerla en una oración. Algunas palabras tienen ilustraciones para ayudarte a entenderla.

ciudad En la **ciudad** vive mucha gente.

almuerzo   Los amigos preparan su **almuerzo** en el patio.

aplaudimos   En el desfile **aplaudimos** a las carrozas.

biblioteca   Mi mamá lee en la **biblioteca.**

canciones   Mario toca **canciones** con el violín.

ciudad   En la **ciudad** vive mucha gente.

columpios   En el parque hay **columpios.**

crisálida   La mariposa sale de la **crisálida.**

escribir   A mi papá le gusta **escribir** cartas.

granja   Las vacas y las gallinas viven en la **granja.**

gustaría   Me **gustaría** tomar un vaso de leche.

libros A mí me gusta leer **libros.**

maestro El **maestro** prepara la clase.

nadie **Nadie** vuela como los pájaros.

piedritas La niña camina sobre las **piedritas** del jardín.

puerta La **puerta** de su casa es blanca.

sigue La ardilla **sigue** en la rama.

sombrilla   La **sombrilla** nos protege del sol.

suerte   ¡Qué **suerte** que vinimos al circo!

trabajar   A Don Martín le gusta **trabajar** en el mercado.

travesuras El gatito hace **travesuras.**

viento El **viento** mueve las hojas de los árboles.

violeta La **violeta** es mi flor favorita.

vivía La araña **vivía** en la telaraña.

Acknowledgments

For permission to translate/reprint copyrighted material, grateful acknowledgment is made to the following sources:

Editorial Espasa-Calpe, S.A., Madrid: "Hipopotamito" from *Abecedario de los animales* by Alma Flor Ada. Text © by Alma Flor Ada; text © 1990 by Espasa-Calpe, S.A.

Ell-Bern Publishing Company (ASCAP), 1844 N. Mohawk, Chicago, IL 60614: "You'll Sing a Song and I'll Sing a Song," lyrics and music by Ella Jenkins. Lyrics copyright © 1966, assigned 1968 to Ella Jenkins.

HarperCollins Publishers: "Mari Rosa and the Butterfly" from *The Tamarindo Puppy and Other Poems* by Charlotte Pomerantz. Text copyright © 1980 by Charlotte Pomerantz.

National Wildlife Federation: "Foxes" by Barbara Parker from *Your Big Backyard* Magazine, May 1999. Text copyright 1999 by the National Wildlife Federation.

Tiger Tales: "Hippopotamus" from *Rumble in the Jungle* by Giles Andreae, illustrated by David Wojtowycz. Text © 1996 by Giles Andreae; illustrations © 1996 by David Wojtowycz.

Photo Credits

Key: (t)=top; (b)=bottom; (c)=center; (l)=left; (r)=right
Page 8-12, Stephen Swinburne; 13, E.R. Degginger / Bruce Coleman, Inc.; 14-16, Stephen Swinburne; 17, J&D Bartlett / Bruce Coleman, Inc.; 17(inset), Stephen Swinburne; 18, 19, Stephen Swinburne; 20, Kevin Byron / Bruce Coleman, Inc.; 21-28, Stephen Swinburne; 29, Rick Friedman / Black Star; 32-33, Stephen Swinburne; 114-115, Superstock; 116, Woodfin Camp & Associates; 117, Bachmann / Photo Network; 118(both), Woodfin Camp & Associates; 119, Ariel Skelley / The Stock Market; 120(l), G. Hofstetter / Photo Network; 120(r), Woodfin Camp & Associates; 121, FPG International; 122, Esbin - Anderson / Photo Network; 123, VCG / FPG International; 124, Lori Adamski Peek / Stone; 125(t), Superstock; 125(b), Woodfin Camp & Associates; 126(t), Charles Gupton / The Stock Market; 126(b), Woodfin Camp & Associates; 127, Amy Lundstrom / Photo Network; 128(l), Michael Philip Manheim / Photo Network; 128(r), Woodfin Camp & Associates; 129, Michael Keller / The Stock Market; 130, Arthur Tilley / FPG; 130-131, Woodfin Camp & Associates; 131, Tim Davis / Stone; 132(t), Lori Adamski Peek / Stone; 132(b), Nancy Sheehan / Photo Edit; 133, Harcourt School Publishers; 134(t), Bill Tucker / International Stock; 134(b), Camille Tokerud / Stone; 135, Woodfin Camp & Associates; 136, McCarthy / The Stock Market; 137, Lisa Quinones / Black Star; 142(t), Superstock; 142(b), Woodfin Camp & Associates; 166-167, Daniel J. Cox / Natural Exposures; 168-169, Theo Allofs.

Illustration Credits

Jerry LoFaro, Cover Art; Gary Taxali, 6-9; Amy Bates, 30-31; Steve Björkman, 32-33, 58, 84-85; Dona Turner, 34-35; Laura Ovresat, 38-57; Jo Lynn Alcorn, 59; Liz Callen, 61; Ed Martinez, 64-83; Taia Morley, 87, 173; Lorinda Bryan Cauley, 90-105; David Wojtowycz, 106-107; John Hovell, 109; Christine Mau, 110; Steve Haskamp, 111, 141; Winky Adam, 138-139; Stacy Peterson, 140-143; Gerald McDermott, 146-165; Marina Thompson, 170-171.

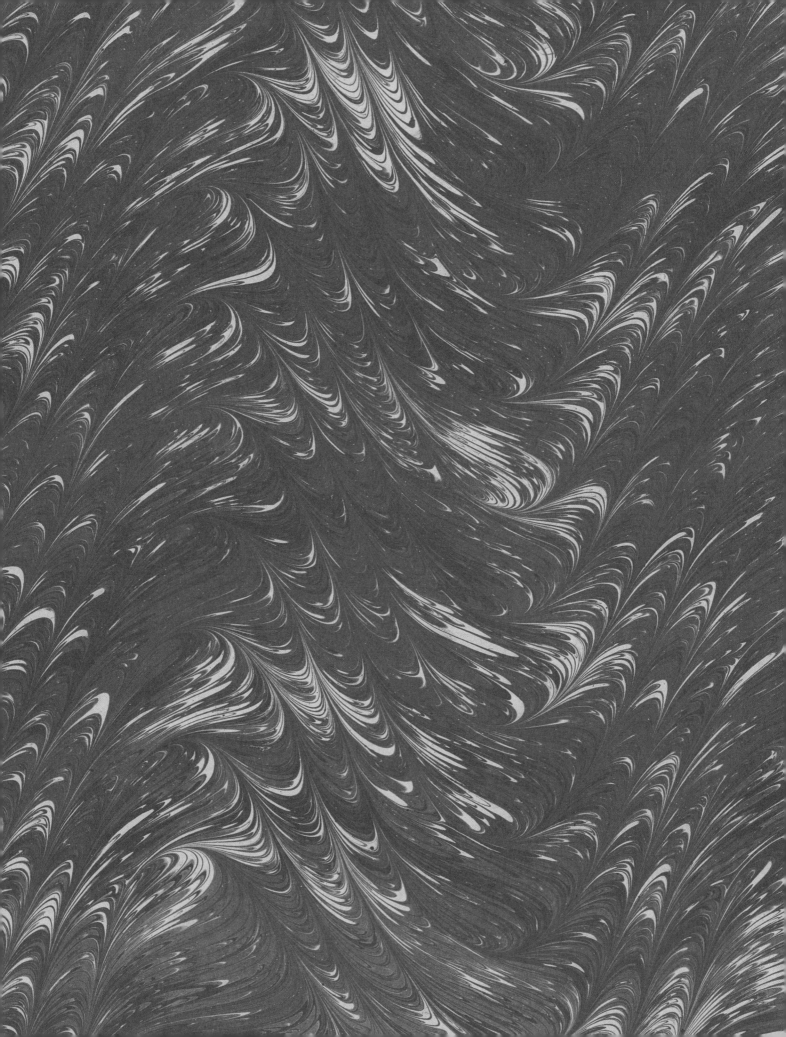

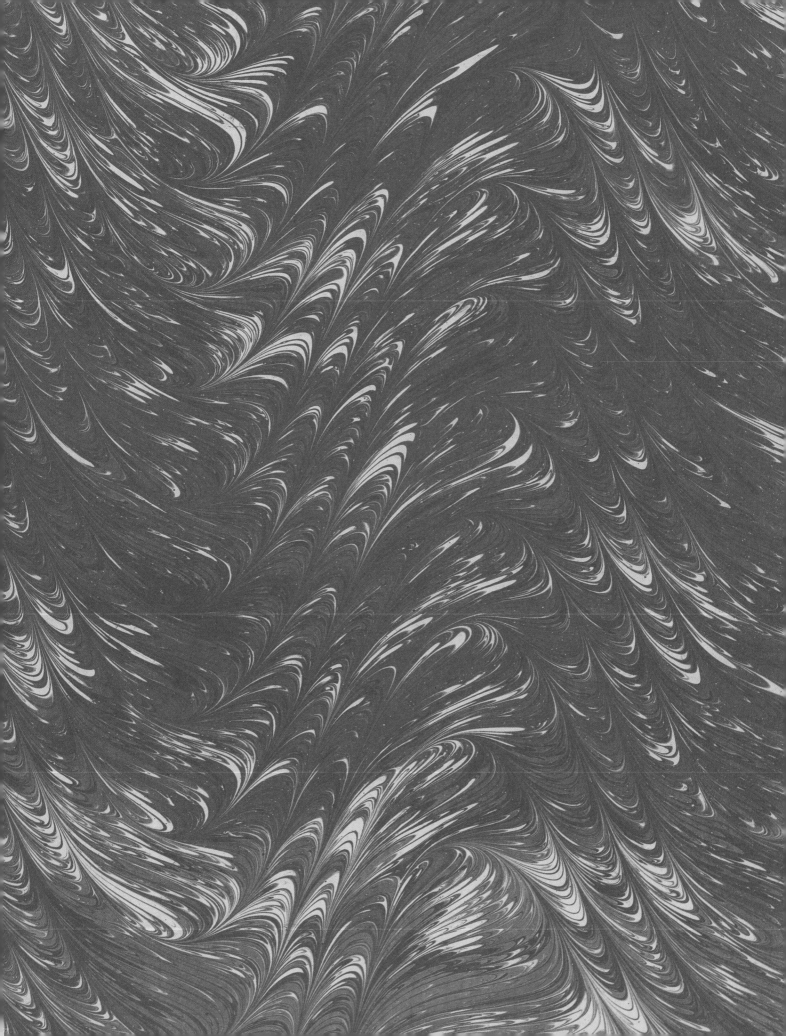